P9-CDJ-762

Casi se muere

Lisa Ray Turner y Blaine Ray

Nivel 1 - Libro C
la tercera de cuatro novelitas de primer año

Editado por Verónica Moscoso y Contee Seely

Blaine Ray Workshops
P.O. Box 119
Pismo Beach, CA 93448
Phone: (888) 373-1920
Fax: (888) RAY-TPRS
E-mail: BlaineRay@aol.com
www.BlainerayTPRS.com

y

Command Performance Language Institute
28 Hopkins Court
Berkeley, CA 94706-2512
U.S.A.
Tel: 510-524-1191
Fax: 510-527-9880
E-mail: info@cpli.net
www.cpli.net

Casi se muere

is published by:

Blaine Ray Workshops, & *Command Performance Language Institute,*

which features TPR Storytelling products and related materials.

which features Total Physical Response products and other fine products related to language acquisition and teaching.

To obtain copies of *Casi se muere*, contact one of the distributors listed on the final page or Blaine Ray Workshops, whose contact information is on the title page.

Cover art by Pol (www.polanimation.com)

Vocabulary by Chanah Hollander and Contee Seely

Primera edición: noviembre de 1998
Décimocuarta impresión: diciembre de 2007

First edition published November, 1998
Fourteenth printing December, 2007

Reservados todos los derechos. Copyright © 2002, 2007 por Blaine Ray. Prohibida la reproducción o transmisión total o parcial de este libro sin la autorización por escrito de Blaine Ray. La reproducción de cualquier forma-fotocopia, microfilm, cinta magnética, disco o cualquier otra-constituye una infracción.

Copyright © 2001, 2007 by Blaine Ray. All rights reserved. No other part of this book may be reproduced or transmitted in any form or by any means, electronic or mechanical, including photocopying, recording or by any information storage or retrieval system, without permission in writing from Blaine Ray.

Impreso en Estados Unidos de América en papel sin ácido y con tinta a base de soya.

Printed in the U.S.A. on acid-free paper with soy-based ink.

ISBN-10: 0-929724-43-7
ISBN-13: 978-0-929724-43-0

Capítulo uno

Ana Silva es una persona normal. Es joven. Tiene dieciséis años. Vive en Hermosa Beach, California. Estudia en una escuela normal. Su escuela se llama West Torrance High School. Es una escuela como todas las escuelas en los Estados Unidos.

Ana tiene una familia normal. Su padre se llama Robert y trabaja en un hospital. Es médico. Su madre se llama Ellen y trabaja en el mismo hospital como secretaria. El hospital se llama Mercy Hospital. Ana tiene un hermano y una hermana. Su hermano se llama Don y su hermana se llama Patty. Don tiene catorce años y también estudia en West Torrance High. Patty tiene once años. Patty estudia en Torrance Middle School. La familia es muy simpática y unida.

Ana tiene el pelo largo y liso. El pelo es castaño y los ojos son azules. No es alta ni baja. Tiene una cara bonita pero no tan bonita como la cara de Julia Roberts. Es inteligente pero no es más inteligente que Einstein.

Ana tiene una casa normal. La casa tiene dos pisos. No hay piscina. La casa es una casa típica de California. Tiene tres dormitorios, una cocina y una sala.

La familia de Ana no es ni pobre ni rica. Tienen solamente un auto. Es un Toyota Corolla con cuatro puertas del año 89. Ella no puede ir en el auto a la escuela porque sus padres lo necesitan para llegar al trabajo.

Ana tiene dos amigas que viven en su misma calle. Las dos estudian en su escuela y tienen familias típicas. Una de las amigas se llama Alice. Le dicen Alicia porque ella está estudiando español.

La casa de Ana está a unos veinte minutos de la playa. Ella pasa cada fin de semana en la playa con sus amigas. La playa está en California pero tiene el nombre de una playa mexicana. La playa se llama Hermosa. La ciudad y la playa tienen el mismo nombre. Ellas pasan muchas horas en la playa escuchando la radio y mirando a los chicos guapos.

A Ana le gusta leer. Lee mucho. Lee novelas de amor como las de Johanna Lindsey y novelas de acción como las de Ian Fleming. A Ana le gusta leer los libros de James Bond. También le gusta ver sus películas. A veces estudia pero no mucho. Prefiere leer.

Ana estudia muchas cosas interesantes en la escuela. Estudia inglés, arte, ciencias, matemáticas, música y español. Su curso favorito es el español. Ana piensa que es muy interesante aprender palabras nuevas. Su profesora es la Sra. Hawkins. Ella tiene 21 años de experiencia como profesora de español. Es muy buena profesora. Le gusta la lengua porque en California mucha gente habla español. La familia de Ana no habla español en casa. Sólo saben algunas palabras. Ana es la única de la familia que sabe hablar español. Ana quiere practicarlo con su familia pero nadie sabe hablarlo. Si Ana quiere hablar español, necesita ir a la escuela. Ella quiere hablar español muy bien. Por eso pone mucho interés en su clase de español.

Un día, en la clase de español, la Sra. Hawkins les habla a los estudiantes acerca de una oportunidad muy buena. Dice:

—Hay una posibilidad de ir a un país en Sudamérica por tres meses. Hay que hacer una petición. Todos los años escogen a un estudiante de West Torrance High para ir.

Después de la clase, Ana habla con la profesora y le pide una petición. Ella escribe muchos detalles acerca de su vida. Le manda la petición a un hombre que vive en Nueva York.

Dos meses más tarde Ana recibe una carta. La carta dice que ella puede ir a Chile por tres meses. Desde ese momento la vida de Ana cambia completamente. Va a viajar a Chile para vivir allí con una familia. Va a pasar el verano (los meses de julio, agosto y septiembre) en una ciudad llamada Temuco. Ella no sabe nada de Temuco. Por eso va a la biblioteca a sacar un libro. Comienza a leer sobre Chile.

Capítulo dos

Chile es un país muy largo. Es mucho más largo que California. En Chile mucha gente vive cerca de la costa.

Chile está en Sudamérica. Cuando es verano en California, es invierno en Chile. Cuando es invierno en Chile, es verano en California. El clima de Chile es similar al clima de California. Casi nunca hace mucho frío. Hace mucho sol en Chile con una excepción. En el invierno en el sur de Chile llueve mucho. Llueve todos los días.

En el norte de Chile está el famoso desierto Atacama. Hay poca vegetación en el desierto.

La capital de Chile es Santiago. Santiago está en medio del país. La mayoría de las personas viven cerca de Santiago. Chile es vecino de Argentina. Chile está al lado de Argentina. Hay mucha influencia de Europa en los dos países. La capital de Argentina es Buenos Aires, donde hay muchas personas de descendencia italiana. En el sur de Chile hay muchos alemanes.

Hay grandes montañas en Chile. Se llaman los Andes. Los Andes tienen la montaña más alta de las Américas. Se llama Aconcagua. Es más alta que Mount McKinley en Alaska.

En Chile la comida es muy buena. El plato más popular de Chile es la empanada. Los chilenos dicen que las empanadas son muy ricas. La empanada es el plato nacional de Chile. Es similar a una hamburguesa pero sin pan. Para preparar una empanada los chilenos le ponen carne, cebollas y otras cosas dentro de la masa. La fríen o la meten al horno. También preparan empanadas de queso. Son similares. La única diferencia es que ponen queso en la masa en vez de carne. Los chilenos comen muchas papas y ensalada. La comida de Chile es muy diferente a la comida de México. No hay tacos, enchiladas ni burritos en Chile.

El día de la independencia de Chile es el 18 de septiembre. Hace unos 180 años Chile era una colonia de España. Chile se rebeló. Fue muy similar a la independencia de los Estados Unidos. Nosotros nos rebelamos contra Inglaterra y muchos de los países en Sudamérica se rebelaron contra España. Cada año hay una gran celebración de la independencia de Chile. Las tiendas cierran y todos van a muchas fiestas para celebrar. En Chile es obligatorio poner una bandera chilena delante de la casa. También hay fiestas donde las personas pueden bailar. Bailan el baile nacional de Chile. El baile se llama la cueca. Estas fiestas se llaman ramadas.

Capítulo tres

Ana le escribe una carta a su amiga Alicia. Alicia está de vacaciones en Cancún, México, con su familia. Ana le escribe:

20 de julio

Querida Alicia:

Estoy muy feliz porque hoy salgo para Chile. Salgo de Los Angeles. Voy al aeropuerto esta noche. Son diez horas de viaje. Es un vuelo directo. Voy a salir a las 20 horas. En Chile se usa un reloj de 24 horas, así que para nosotros mi avión sale a las 8 de la noche. Voy a llegar a Santiago mañana a las 9 de la mañana. El aeropuerto en Los Angeles es muy grande. Voy en Lan Chile. Lan Chile es la línea aérea nacional de Chile.

Me subo al avión. Es un avión muy grande. Hay más de 300 personas en el avión.

Veo que todo es normal. Pero ahora muchas personas hablan en español. Hablo mucho español pero hay mucho que no comprendo. Me siento al lado de un joven de mi misma edad. El habla un poco de inglés. Podemos comunicarnos. Me gusta hablar con él. El me habla de Chile. Me habla de la comida. Dice que las empanadas chilenas son muy ricas. Dice que muchos estudiantes de Chile van a escuelas particulares. Y dice que no se puede manejar hasta los dieciocho años de edad.

Llego a Chile. Estoy en el aeropuerto internacional de Santiago. Se llama Pudahuel. Busco a mi familia. Ellos me esperan cuando me bajo del avión.

La mamá se llama Victoria y el papá se llama Pedro. Tienen una hija que se llama Teresa y otra que se llama Elena. Yo estoy feliz de estar en Chile. Hablo mucho con mi familia en el aeropuerto.

Salimos del aeropuerto y vamos a un restaurante en Providencia. Providencia es un lugar popular en Santiago. Vamos a un restaurante que sirve comida italiana. Pedimos pizza. Es igual que la pizza de California.

Después de comer, nos vamos a la costa. Hay una ciudad que tiene playas hermosas en Chile. Se llama Viña del Mar. Pasamos dos días en un hotel en Viña. El hotel se llama el Hotel Alcázar. Es un hotel que no es ni barato ni caro. Nos divertimos pero no vamos a la playa porque aquí es invierno. Hay una playa famosa que se llama Playa Recoleta.

Cuando estamos en Viña, Teresa y yo vamos a otro pueblo que se llama Limache. Teresa tiene familia en Limache. Nos subimos al bus, como dicen en Chile, y vamos. En veinte minutos estamos en la casa de los primos de Teresa. El primo se llama Enrique y la prima se llama Mónica. Después de unos pocos días, Teresa y yo somos buenas amigas. Hablamos de todo. Ella sabe hablar inglés muy bien. También ella me ayuda con mi castellano. En Chile nadie usa la palabra español. Todos dicen "castellano".

Ahora yo no hablo español. Sólo hablo castellano.

Después de dos días en la playa, salimos para Temuco. Es un viaje de doce horas. Vamos en la Carretera Panamericana. Por fin llegamos a la casa de Pedro. Es una casa amplia con cuatro dormitorios. El baño es muy similar a los de California con una diferencia. Para tener agua caliente, necesitas prender el "califont". Es un aparato que calienta el agua. Tienen un televisor, una radio, una videocasetera y un horno de microondas.

Voy con Teresa a su escuela secundaria. Es una escuela buena. La escuela se llama Bernardo O'Higgins. La escuela se llama así porque el primer presidente se llamaba Bernardo O'Higgins. Bernardo O'Higgins es el padre de la patria. Bernardo O'Higgins es el George Washington de Chile.

Vamos a la escuela a las 8 de la mañana. Las clases terminan a las 13 horas. La escuela es diferente porque los estudiantes no van a otras clases. Los profesores cambian de salón de clase y los estudiantes se quedan en el mismo salón.

Otra diferencia de las escuelas en Chile es que todos los estudiantes llevan uniformes. En las escuelas públicas de Chile todos los estudiantes llevan el mismo uniforme. Un estudiante que vive en Antofagasta lleva el mismo uniforme que un estudiante que vive en Concepción. El uniforme de las chicas es una falda azul con blusa blanca y suéter azul. Los muchachos llevan pantalones azules, un suéter azul, una camisa blanca y una corbata azul. En las escuelas particulares usan uniformes diferentes.

Tengo mucho más que quiero decirte pero no tengo más tiempo. Te escribo otro día.

Con cariño,

Ana

Capítulo cuatro

Todo comienza el primer día de clases. Ana no es doctora, pero hoy salva una vida. Salva la vida de Pepe Ayala. Hay muchas cosas raras o diferentes en la escuela. Algunos estudiantes hacen nuevos amigos. Otros estudiantes hacen nuevos enemigos. Algunos estudiantes hacen planes para hacer una fiesta en la escuela. Otros hablan, ríen y gritan en la escuela.

Nadie quiere morirse en la escuela. Nadie. Hoy un estudiante casi se muere en la escuela. Pepe Ayala no quiere morirse. Pero casi se muere. Mientras come un pedazo de carne, no puede tomar aire. Trata de gritar pero no puede gritar.

Nadie ve a Pepe. Pepe no tiene amigos en la escuela. Es un chico nuevo de Osorno, un pueblo en el sur de Chile. Pepe va solo a las clases. Lo hace todo solo. Hoy Pepe está solo. Está comiendo. Está comiendo un pedazo de carne. La cara de Pepe está morada ahora pero nadie lo ve.

Nadie lo ve con excepción de Ana Silva. Ana mira a Pepe y Pepe tiene las manos en la garganta. Ana sabe que algo le pasa a Pepe. Ana mira a Teresa y grita:

—Algo está mal. Hay un problema.

Teresa responde:

—Es verdad. Pobre Pepe no tiene amigos. Siempre está solo.

Ana le dice:

—No, no. Mira. Tiene un problema ahora. Su cara está morada.

—No sé porque no tiene amigos. Probablemente porque es muy nuevo aquí —explica Teresa.

Hay sólo una persona en la escuela que ve la cara morada de Pepe. Ella sabe que Pepe está mal y que no puede tomar aire.

Ana corre hacia Pepe y grita:

—¿Puedes tomar aire?

Pepe mueve la cabeza pero no dice nada porque no puede tomar aire. Pepe tiene mucho miedo.

Ana sabe cómo ayudar a Pepe. Ella se pone detrás de Pepe, pone los brazos alrededor de él y presiona. Presiona mucho en el estómago de Pepe.

Muchos estudiantes miran. Un pedazo de carne sale de la boca de Pepe. La carne sale y le pega a Jaime Campos en la camisa. Jaime Campos es el chico más grande y más malo de la escuela. Todos le tienen miedo.

A Pepe no le importa Jaime para nada. Está feliz porque está vivo. Pepe mira a Ana y le dice:

—Gracias. Estoy feliz porque estoy vivo. Estoy vivo gracias a ti.

Ahora hay muchas personas alrededor de Ana. Estudiantes y profesores. Los profesores gritan:

—¡Qué bueno! Pepe está vivo gracias a Ana.

Ana es una heroína. Pero tiene vergüenza.

Es tarde y muchos salen a sus casas. Ana y Pepe están solos. Pepe habla con Ana. Le dice:

—Gracias por salvarme la vida.

Ana responde:

—De nada. Estoy feliz de ayudarte.

Pepe agarra la mano de Ana y le mira a los ojos.

—Otra vez, te digo "gracias".

Ana le contesta:

—No necesitas decirme gracias. No es nada.

Los dos caminan juntos cuando Jaime los mira y camina hacia ellos. Pepe le tiene miedo a Jaime. Jaime es mucho más grande que Pepe. Comparado con Pepe, Jaime es un gigante.

Jaime le toca el pelo a Pepe y grita:

—¡Lárgate, estúpido!

Después de un rato, Jaime se va. Ana y Pepe están contentos. Ana comienza a caminar a su casa. Pepe la acompaña. Pepe le dice:

—Gracias otra vez.

Ana sólo quiere irse a su casa.

Ana escribe otra carta a Alicia que describe el evento:

10 de agosto

Querida Alicia:

No vas a creer esto. Estoy en la escuela cuando veo a un chico que no puede respirar. La cara está morada. Yo corro hacia él. Le ayudo. Tiene un pedazo de carne en la garganta. Presiono en su estómago. Por fin la carne sale y el chico no se muere. El chico se llama Pepe Ayala.

Pero hay un problema. El pedazo de carne le pega a un chico grande y malo. Ahora el chico malo quiere pelear. El muchacho malo se llama Jaime Campos.

Pienso mucho en Pepe. No sé por qué. Te escribo otro día.

Con cariño,

Ana

Capítulo cinco

Ana y Teresa están hablando y comiendo. Mientras comen, Pepe se acerca a ellas. Teresa le dice:

—Hola, Pepe. Siéntate.

Ana está feliz cuando Pepe se sienta. Ana está feliz porque Pepe está vivo. Y está feliz porque puede hablar con Pepe.

Pepe se sienta al lado de Ana. Pepe mira a Ana y le dice:

—Hola Ana. ¿Cómo estás? Hoy no estoy morado y no estoy asfixiándome. Estoy mucho mejor.

Pepe está comiendo una empanada de queso. Teresa se levanta y les dice:

—Me voy. Tengo muchas tareas que hacer. Chao.

Ana le dice a Pepe:

—Prefiero verte cuando no estás morado y cuando puedes respirar.

Los dos hablan. Hablan de Chile. Hablan de la escuela. Hablan de las clases. Hablan de la clase de castellano.

Ana le pregunta:

—¿Por qué dicen "chao" en Chile y nunca dicen "adiós"?

Pepe le explica:

—Usas la palabra *adiós* cuando no vas a ver más a la persona. Indica el fin.

—Ya comprendo. Entonces si yo regreso a California y no pienso regresar, yo digo "adiós".

—Exactamente —responde Pepe.

—Ya entiendo —dice Ana.

Pepe habla con Ana acerca de la música de Chile. Le dice que escuchan todo tipo de música. Escuchan música de los Estados Unidos como Britney Spears o Madonna. Escuchan música en inglés aunque no comprenden las palabras. También hay cantantes de España como Enrique Iglesias o Miguel Bosé. Hay cantantes de Sudamérica como Shakira y Ricardo Montaner.

Pepe le dice:

—Me gusta hablar contigo. Para ser una gringa sabes mucho castellano.

—¿Qué es una gringa? —pregunta Ana.

—Una gringa es una persona que habla inglés. Generalmente se usa la palabra *gringa* para hablar de una persona de los Estados Unidos. Si veo a una persona con pelo rubio y piel blanca, digo que esa persona es gringa.

—Ya comprendo —responde Ana.

—Comprendes mucho. No tengo amigos en Temuco porque soy nuevo. Todos mis amigos viven en Osorno —dice Pepe.

—Háblame de Osorno.

—Osorno es muy bonito. Osorno está cerca de un lago grande. El lago es muy grande. El lago tiene un color verde. Le dicen Lago Esmeralda por el color verde que tiene. Su nombre realmente es Lago de Todos Los Santos. También hay un volcán que se llama Osorno. No está activo pero es muy hermoso.

Pepe está hablando de Osorno cuando Ana le interrumpe diciendo:

—¿Por qué estás aquí en Temuco?

—Porque mi padre tiene un nuevo trabajo. Es vendedor de autos. Es mejor para él aquí en Temuco. Temuco es un lugar bueno, creo. Me gusta Temuco aunque no tengo amigos aquí.

Mientras están hablando, Jaime Campos camina hacia ellos. El es muy grande, más grande que un gorila. El grita:

—¿Pepe, estás respirando hoy?

Pepe está tomando leche. Jaime agarra la leche de Pepe y le tira la leche en la camisa.

Ana grita:

—¡Qué malo eres!

Pepe le grita:

—¡Idiota!

Pepe está muy enojado. No le gusta Jaime. No le gustan las personas como Jaime.

Pepe se limpia la camisa con una servilleta. Jaime se ríe y se va.

—Jaime es un tonto —dice Pepe.

—Jaime es un idiota. No me gusta. El necesita irse al planeta Saturno, donde no hay personas —dice Ana mientras le ayuda a Pepe a limpiar la camisa.

Pepe le dice:

—Gracias, Ana.

Los dos se levantan y van a diferentes salones de clase. Ana trata de pensar en la clase pero no puede concentrarse. Ana piensa en Pepe. Piensa en sus ojos, su pelo y su personalidad. Piensa en la fiesta del 18 de septiembre.

21 de agosto

Querida Alicia,

No vas a creer esto. Hoy hablamos Pepe y yo en la escuela. Hablamos mucho de Chile, la música, la escuela y todo. Mientras hablamos, viene Jaime Campos. Jaime agarra la leche de Pepe y le tira la leche en la camisa. Pepe y yo estamos muy enojados. Limpiamos su camisa. No nos gusta Jaime. Es un idiota.

Con cariño,

Ana

Capítulo seis

Ana no habla con Pepe Ayala por dos semanas. Ella lo ve en la escuela pero no habla con él. Ella no lo ve después de las clases. Ella lo ve una vez en la escuela pero él está muy lejos. El no la ve a ella. Ana no habla con Pepe pero ella piensa en él. ¿Por qué piensa ella en Pepe? No es su amigo. Es guapo pero Leonardo Decaprio es más guapo. ¿Por qué piensa Ana en él? Ella se pregunta por qué no habla él con ella en la escuela. ¿La recuerda Pepe? Probablemente piensa mucho en ella. ¡Ella le salvó la vida!

Entonces, un día Ana ve a Pepe Ayala de nuevo. Es la hora del almuerzo. Ana y Teresa están comiendo en la escuela. Hoy comen empanadas. Ana piensa que las empanadas son muy buenas. Ella y Teresa comen empanadas y hablan acerca de los chicos.

—¿Con quién vas a la fiesta del 18 de septiembre? —Ana le pregunta.

—Ana, aquí en Chile vamos a las fiestas en grupos. Si quieres pasar tiempo con un chico guapo, necesitas ir a una fiesta. El problema es que hay muchas fiestas. Tienes que preguntarles a muchas personas para saber de las fiestas y saber cuál muchacho va a cuál fiesta.

Ana piensa en esto. La fiesta del 18 de septiembre es en dos semanas. Hay una fiesta grande en la escuela pero también hay muchas fiestas en casas particulares. Teresa le explica a Ana que hay una fiesta en la casa de Jaime Campos, una en la casa de Pedro Gómez, y hay otra en la casa de Mónica Krause.

—No voy a la fiesta de Jaime. El me da miedo —dice Ana.

—Yo tampoco voy a esa fiesta. No me gusta la fiesta y no me gusta el muchacho —explica Teresa.

—¿Por qué no vamos a la fiesta de Pedro? Es un chico muy guapo y simpático.

Ana come un plátano y dice:

—Teresa, quiero ir a una fiesta. Quiero ver a Pepe Ayala en la fiesta. Pepe es muy amable y guapo.

—¿Pepe Ayala? ¿El chico nuevo? ¿El chico que casi se muere en la escuela?

—Sí.

—Ana, el problema es que él es nuevo. El no tiene su grupo de amigos. Aquí todos van a la fiesta de sus amigos. Pepe no tiene amigos. Probablemente no va a una fiesta —explica Teresa mientras come una empanada.

—Teresa, vamos a la fiesta grande en la escuela. Pepe es nuevo. A lo mejor va a la fiesta en la escuela —responde Ana.

Pepe ve a las chicas. Camina hacia ellas. Pepe se sienta y les dice:

—¡Hola!

Las chicas hablan más de las fiestas. Ana mira a Pepe y le dice:

—¿Pepe, vas a una de las fiestas a celebrar el 18 de septiembre? Hay muchas fiestas aquí en Temuco.

—Hay muchas fiestas en Osorno también. Soy nuevo aquí. No sé nada de las fiestas de Temuco.

Ana le habla y le dice:

—Teresa dice que hay una fiesta grande en la escuela. Dice que es una fiesta grande con muchos chicos de la escuela. Todos bailan y escuchan la música de Enrique Iglesias. Comen empanadas y papitas fritas. Es una celebración fantástica.

Pepe dice:

—Bueno. Muy bien. Voy a la fiesta de la escuela.

Se levanta y sale. Les dice:

—Gracias. Chao. ¡Hasta luego!

Las dos chicas contestan:

—Chao. Nos vemos.

3 de septiembre

Querida Alicia:

Hoy hablé con Pepe. El es tan guapo. Es la primera vez que hablo con él en mucho tiempo.

En Chile hay una gran celebración de su independencia. Es similar al 4 de julio en los Estados Unidos. Hay muchas ramadas, que son fiestas donde la gente baila la cueca. La cueca es el baile nacional de Chile. Hay muchas fiestas. Hay una fiesta grande en la escuela. Creo que Pepe va a la fiesta de la escuela. Estoy muy contenta.

Vamos a la fiesta en dos semanas.

Con cariño,

Ana

Capítulo siete

En Chile el 18 de septiembre es un día importante. Hay fiestas en todas partes de Chile. Hay fiestas en Temuco, donde vive Ana. Todos ponen la bandera de Chile delante de la casa. Muchos bailan la cueca. Es el baile nacional de Chile. Todos comen empanadas.

Hoy Ana, Teresa y Pepe van a la fiesta en la escuela. Ana sabe que en Chile las muchachas no van solas a las fiestas. Puede ir con Teresa y Elena. Elena es la hermana menor de Teresa.

Ana y Teresa hablan con Pedro, el papá de Teresa. El les pregunta de sus planes:

—¿Adónde van? ¿A qué hora vuelven? ¿Con quién van? ¿Dónde es la fiesta?

Contestan que van a la fiesta con Elena. Dicen que la fiesta es en la escuela y que van a volver antes de la medianoche.

Pedro les dice que pueden ir si Elena va con ellas. Les dice:

—Regresen antes de la medianoche.

Ana piensa en Jaime. Está feliz porque Jaime no va a la fiesta de la escuela. A Ana no le gusta Jaime. El es muy malo y siempre se ríe de otras personas, especialmente de Pepe. Jaime se ríe de Pepe cada día en la escuela. Le dice "estúpido", "idiota" y "tonto".

Pepe no le hace nada a Jaime porque Pepe no quiere tener problemas. No quiere tener problemas en la escuela y no quiere más problemas con Jaime. Ana trata de no pensar en Jaime.

Ana y Teresa se preparan para ir a la fiesta. Ana está nerviosa porque es una experiencia nueva para ella. No sabe nada de las fiestas en Chile. Ella se mira en el espejo. ¿Está bien su pelo? ¿Cómo está su ropa? ¿Está bien su maquillaje? Ella va a la fiesta con una blusa roja y pantalones azules. ¿Los colores son bonitos? ¿De qué puede hablar en la fiesta? Ella está un poco preocupada.

Habla con Teresa. Teresa le dice que su pelo y su maquillaje están muy bonitos y que su ropa está perfecta.

Cuando están listas, Ana y Teresa les dicen "chao" a Pedro y a su esposa Victoria y salen para la escuela con Elena.

Mientras van a la escuela, hablan de la clase de ciencias, de la clase de castellano y de la clase de matemáticas. Hablan de los muchachos y las muchachas que van a la fiesta. También hablan de las diferencias entre los dos países. Ana explica que Chile es diferente porque hace frío en septiembre. En California no hace frío en septiembre. Hablan de las películas nuevas en Chile y de la música en Chile. Ana está contenta porque tiene una amiga como Teresa. Es fácil hablar con ella. Elena escucha la conversación pero no dice nada.

La fiesta comienza a las 9 de la noche. Cuando llegan a la escuela, Ana observa que no hay nadie. Ella le pregunta a Teresa:

—¿Dónde están los otros?

Teresa le explica que en Latinoamérica nadie llega a tiempo a nada. Todos dicen que la fiesta comienza a una hora exacta pero nadie va a esa hora. Todos llegan más tarde.

Hay mucho decorado. Hay muchas banderas de Chile. La bandera de Chile es muy similar a la bandera de los Estados Unidos porque tiene los colores rojo, blanco y azul. La bandera chilena tiene una estrella (como la bandera de Texas) y la bandera de los Estados Unidos tiene cincuenta. Más tarde los otros llegan a la fiesta. Una banda toca música popular. Muchos comienzan a bailar. Hay banderas y flores en las mesas. Algunos estudiantes están hablando en grupos. También algunos profesores están en la fiesta. Hay una mesa que tiene fruta, empanadas, soda y jugo. Todo está maravilloso.

Pepe ve a las dos chicas y les dice:

—Hola. ¿Cómo están?

—Hola, Pepe —le dice Ana con mucha emoción. Ana le sonríe.

—Vamos a bailar. Me gusta la música —dice Pepe.

Bailan. Ana piensa que la música es diferente aquí pero le gusta. Es muy fuerte. Bailan por mucho tiempo. Hay canciones lentas y canciones rápidas. Después de bailar un rato, van a las mesas para comer. Pepe pone el brazo alrededor de Ana y le dice:

—Tú eres muy buena para bailar.

—Tú bailas muy bien también —responde Ana.

Los dos ríen. Es una fiesta muy buena. Ana está muy contenta de estar en otra cultura, otro país, otra ciudad y con Pepe.

Ana ve que Teresa está hablando con un grupo de estudiantes. Los dos se acercan al grupo.

Ana les dice:

—Me gustan las empanadas. ¿Quién prepara estas empanadas tan ricas?

—Mi tía Rosa las prepara —dice Estela, una de las chicas en el grupo.

—Están deliciosas.

—Mi tía las prepara cada año para esta fiesta —explica Estela.

Muchos en el grupo tienen hambre y comen empanadas y toman refrescos. Se sientan a la mesa y hablan. Pepe y Ana se sientan y hablan con Teresa y otros del grupo. Ana está feliz porque está con Pepe. Pepe no tiene problemas con los estudiantes en el grupo. No tiene problemas con nadie más que con Jaime Campos. Es una noche maravillosa porque Jaime Campos no está en la fiesta. Ana piensa que es la mejor fiesta de su vida.

De repente, pasa algo malo. Jaime Campos llega a la fiesta. Ana y Pepe no lo ven porque están hablando pero los otros estudiantes lo ven entrar y lo miran.

Mientras Ana y Pepe están hablando, Jaime camina hacia ellos. Cuando Ana lo ve, se pone de mal humor. Jaime sonríe y dice:

—Hola, chicos. Hola, idiota. ¿Cómo está la fiesta?

—¡Estaba buena! —gritan todos.

Jaime dice:

—Sí. Yo veo. Pueden bailar porque hay música buena. Pueden comer porque hay comida buena. Posiblemente Pepe se muere esta vez con esta comida.

Pepe grita:

—¡Basta! No me gusta cómo me hablas. ¡Deja de molestar!

—¿Por qué no vuelves con tu mamita, Pepe? —grita Jaime.

Jaime pone el brazo alrededor de Ana y habla como un bebé:

—Pobre Ana. ¿Soy malo?

Pepe grita:

—¡Basta! ¡Vete!

Jaime se acerca más a Ana. Jaime es tan grande. Ana tiene miedo. Pepe se levanta y grita:

—¡Basta! ¡No más!

Pepe le dice a Ana:

—¿Quieres bailar?

—Sí. Vamos.

Salen a bailar. Bailan por el resto de la fiesta porque no quieren ver a Jaime. La fiesta se arruinó por la presencia de Jaime.

Ana, Teresa y Elena vuelven a su casa a las once y media. Su papá está feliz porque Ana llega a casa a tiempo.

18 de septiembre

Querida Alicia:

Esta noche fui a la fiesta. La fiesta estuvo buena por mucho tiempo. Pero Jaime Campos llegó y arruinó la fiesta. Fui a casa a las 11 y 30. Mi papá estaba muy contento porque llegué temprano a mi casa.

No me gusta Jaime. El quiere arruinarlo todo. No comprendo porque es tan malo.

Vuelo a California en dos semanas.

Con cariño,

Ana

Capítulo ocho

Ana está muy triste. Es su último día en la escuela. Mañana vuelve a California. No sabe cuando va a ver a Teresa y Pepe. Tiene tantos amigos buenos en Chile.

En la escuela no hablan de la fiesta. No hablan de Jaime Campos. Hablan de fútbol y de las películas nuevas en Temuco. Hablan acerca de Ana porque mañana ella regresa a California.

Pepe, Ana y Teresa ahora son buenos amigos. Estudian juntos. Van al parque y a veces miran la tele juntos. Comen juntos y ríen juntos.

Hoy en la escuela están hablando acerca de la tarea de matemáticas. Ana mira a un lado y ve a Jaime Campos. Jaime está solo. Jaime está muy solo. Ana se siente un poco triste porque Jaime no tiene muchos amigos. Ella trata de no pensar en Jaime. Ella está enojada con él porque arruinó la fiesta.

Ana mira a Jaime. Jaime no está bien. Algo está mal. Jaime está mal. La cara de Jaime está diferente. La cara está . . . morada. ¿Una cara morada? ¿Se está asfixiando Jaime?

—Pepe —dice Ana, —mira a Jaime. Algo es diferente. Algo está mal.

—Ana, por favor, no quiero mirar a Jaime. Me enferma ver su cara.

—No, Pepe. Mírale. Algo está mal.

Pepe mira a Jaime. Ve que tiene la cara morada. Ve que algo está muy mal. Pepe grita:

—Ana, Jaime no puede tomar aire. Jaime, se está . . .

—Asfixiando —dice Ana.

Pepe no puede decir nada porque corre hacia Jaime para ayudarle. Ana va también. No les gusta Jaime pero Jaime puede morirse.

—Jaime, ¿puedes tomar aire? ¿Estás asfixiándote?

Jaime mueve la cabeza de una manera negativa. Jaime tiene miedo. La cara está realmente morada ahora.

Pepe se pone detrás de Jaime y pone los brazos alrededor del estómago de Jaime. Le presiona fuerte en el estómago. Un pedazo de comida sale de la boca de Jaime. Cae al piso. Jaime por fin puede respirar.

Muchos están observando. Estudiantes y profesores.

Un profesor pregunta:

—¿Estás bien?, Jaime. ¿Qué te pasa?

Un estudiante pregunta:

—¿Se muere Jaime?

Pepe dice:

—Jaime está bien. No podía respirar pero ahora está bien. Ahora puede respirar muy bien.

Jaime está sentado a la mesa. Le es muy difícil respirar pero sí puede. La cara está normal. No está morada. Jaime todavía tiene miedo.

—Jaime, estás bien?

Jaime mueve la cabeza pero no dice nada. Toma un poco de agua. Tiene vergüenza pero no dice nada.

—Jaime, ¿estás bien? —pregunta Pepe.

—Sí. Ahora estoy bien.

Jaime mira hacia el suelo. Se siente muy mal.

Pepe y Ana comienzan a regresar a su mesa cuando Jaime les dice:

—¡Esperen!

Ellos esperan pero Jaime no dice nada. Después de un momento, Jaime dice algo en voz baja. Nadie le oye.

—¿Qué dices?, Jaime. No oigo nada —dice Pepe.

—Gracias, Pepe. Tú me salvaste la vida.

—No es nada.

Pepe y Ana comienzan a volver a la mesa cuando Jaime le dice:

—Y Pepe. . .

—¿Cómo? No te oigo.

—Pepe, discu. . .

—Jaime, no oigo nada. ¿Qué estás diciendo?

—Discúlpame por todo —le dice en una voz muy suave.

Ana sonríe. El muchacho malo está pidiendo perdón. Ella piensa: "Yo lo veo pero no lo creo."

Y Pepe dice:

—Jaime, no te oigo. ¿Puedes repetir eso? Estás hablando en una voz muy suave.

—Discúlpame por todo —lo dice con una voz un poco más fuerte.

—¿Qué? —dice Ana.

—¡Discúlpame por todo! —Esta vez Jaime les grita. Esta vez todos lo oyen.

Pepe le dice:

—No es gran cosa.

Ana mira a Jaime. Jaime está solo. Jaime no tiene amigos. Necesita amigos. Ana se levanta y camina hacia Jaime. Le dice:

—¿Quieres sentarte con nosotros?

Jaime se levanta y camina hacia la mesa de Pepe y Ana. Se sienta y comienza a hablar con ellos.

Al día siguiente, muchos estudiantes de la escuela van al aeropuerto. Cuando Ana se sube al avión, todos le gritan:

—¡Adiós!

Ana se siente tan triste porque sale de Chile y deja a sus amigos. Por fin comprende el significado de la palabra *adiós* en Sudamérica.

VOCABULARIO

The words in the vocabulary list are given in the same form (or one of the same forms) that they appear in in the text of *Casi se muere*.

Unless a subject of a verb in the vocabulary list is expressly mentioned, the subject is third-person singular. For example, *agarra* is given as only *grabs*. In complete form this would be *she, he or it grabs*.

The infinitive form of verbs is given as *to ...* For example, *aprender* is given as *to learn*. The context in which the infinitive is used affects the translation. In some contexts, it would be just *learn*. In others, it would be *learning*. One or two pronouns are sometimes attached to the end of the infinitive, for example, *ayudarte*, which means *to help you*, and to the end of the present participle, as in *asfixiándome*, meaning *suffocating me*.

It is also useful to know that the verb ending *-ndo* means *-ing* in English and that *-mente* at the end of a word is generally like *-ly* in English.

a to, at, in, into, onto, on

acción action

acerca: acerca de about
   se acerca a approaches, goes up to

acercan: se acercan al they approach the, they go up to the

acompaña goes with

activo active

adiós goodbye

adónde where to

aérea: air as in airline
   línea aérea nacional national airline

aeropuerto airport

agarra grabs

agosto August

agua water

ahora now

aire air

al (*a + el*) to the, at the, into the, on the, onto the, in the
   al día siguiente the next day

alcázar fortress

alemanes Germans

algo something

algunas some

allí there, over there

almuerzo lunch

alrededor de around

alta tall

amable kind, nice, friendly

amiga friend

amor love

amplia spacious

antes de before
año year
aparato apparatus, device
aprender to learn
aquí here
arruinarlo todo to ruin everything
arruinó he ruined
arte art
asfixiando asphyxiating, suffocating
asfixiándome asphyxiating me, suffocating me
asfixiándote asphyxiating you, suffocating you
así: así que so (that)
   se llama así is called this
aunque even though
auto car
avión plane
ayuda helps (verb)
ayudar to help
ayudarle to help him
ayudarte to help you
ayudo I help
azul blue
baila dances
bailan they dance
bailar to dance
bailas you dance
baile dance (noun)
baja short
   en voz baja in quiet voice, whispering
bajo: me bajo del I get off the
banda band
bandera flag
baño bathroom
barato cheap
¡Basta! (That's) enough!

bebé baby
biblioteca library
bien well, OK
blanca white
blusa blouse
boca mouth
bonita pretty, nice looking
brazo arm
buena good
busco I look for
cabeza head
cada each
cae falls
calienta heats
caliente warm, hot
calle street
cambia changes
cambian they change
camina walks
caminan they walk
caminar to walk
camisa shirt
canciones songs
cantantes singers
cara face
cariño affection, love
carne meat
caro expensive
carretera highway
carta letter
casa house
casi almost, nearly
castaño brown
castellano Spanish (language)
catorce fourteen
cebollas onions
celebración celebration
celebrar to celebrate
cerca de near
chao bye-bye

chicas girls
chico boy
chilena Chilean
ciencias science
cierran they close
cincuenta fifty
ciudad city
clase class
clima climate
cocina kitchen
colonia colony
come eats
comen they eat
comer to eat
comida food
comiendo eating
comienza (a) begins (to)
comienzan (a) they begin (to)
como like, as
cómo how
comparado (con), compared (with)
completamente completely
comprenden they understand
comprendes you understand
comprendo I understand
comunicarnos: podemos comunicarnos we can communicate with each other
con with
concentrarse to concentrate
contenta content, happy
contesta answers
contestan they answer
contigo with you
contra against
conversación conversation
corbata tie
corre runs
corro I run

cosa thing
costa coast
creer to believe
creo I believe
cuál which
cuando when
cuatro four
cueca handkerchief dance
cultura culture
curso course
da gives
   me da miedo scares me
de of, from, about
   las de the ones by
decir to say, to tell
decirme to tell me
decirte to tell you
decorado decorations
deja leaves
   deja de molestar stop bothering (me) (command)
del of the, from the
delante de in front of
deliciosas delicious
dentro de inside
descendencia descent, origin
describe describes
desde from
desierto desert
después de after
detalles details
detrás de behind
día day
   al día siguiente the next day
dice says, tells
dicen they say, they tell, they call
   le dicen A. they call her A.
dices you say, they tell

diciendo saying, telling
dieciocho eighteen
dieciséis sixteen
diez ten
diferencia difference
diferente different
difícil difficult
digo I say, I tell
directo direct
discúlpame excuse me, I'm sorry
divertimos: nos divertimos we have a good time, we have fun
doce twelve
doctora doctor
donde, dónde where
dormitorios bedrooms
dos two
edad age
el the
él he, him
ella her, she
ellas they, them (feminine)
ellos they, them (masculine or mixed)
emoción emotion
empanada meat pie
en in, on, at
enemigos enemies
enferma sick
enojado angry
ensalada salad
entiendo I understand
entonces then
entrar to enter
entre between
era was
eres you are
es is
esa, eso that

escogen they choose
escribe writes
escribo I write
escucha listens
escuchan they listen
escuchando listening
escuela school
ese that
esmeralda emerald
España Spain
español Spanish
especialmente specially, particularly
espejo mirror
esperan they wait
esposa wife
esta this
está is
estaba was
estados states
    Estados Unidos United States
estamos we are
están they are
estar to be
estas these
estás you are
esto this
estómago stomach
estoy I am
estrella star
estudia studies
estudian they study
estudiando studying
estudiante student
estúpido stupid
estuvo it was
Europa Europe
evento event
exacta exact
exactamente exactly

excepción exception
experiencia experience
explica explains
fácil easy
falda skirt
familia family
famoso famous
fantástica fantastic
favor: por favor please
favorito favorite
feliz happy
fiesta party
fin end
   por fin at last, finally
flores flowers
fríen they fry
frío cold
   hace frío it's cold (weather)
fritas fried
fruta fruit
fue was
fuerte loud, strong, hard
fui I went
fútbol soccer
garganta throat
generalmente generally
gente people
gigante giant
gorila gorilla
gracias thanks
gran, grande big
gringa foreigner
grita screams, shouts
gritan they scream, they shout
gritar to scream, to shout
grupo group
guapo good-looking
gusta pleases
   le gusta she/he likes
    (it pleases her/him)
   me gusta I like (it pleases me)

no les gusta J. they don't
   like J. (J. doesn't please
   them)
no nos gusta we like (he
   doesn't please us)
te gusta you like (it pleases
   you)
gustan they please
   no le gustan he doesn't like
   them (they don't please him)
habla speaks
háblame speak to me (command)
hablamos we speak
hablan they speak
hablando speaking
hablar to speak
hablarlo to speak it
hablas you speak
hablé I spoke
hablo I speak
hace does, makes
   hace ... años ... years ago
   hace frío it's cold (weather)
   hace sol it's sunny
   lo hace todo he does every-
    thing
hacen they do, they make
hacer to make, to do
   hacer una petición to put
    in an application
hacia towards
   **camina hacia (una per-
   sona)** walks up to (a person)
   corre hacia (una persona)
    runs to (a person)
hambre: tienen hambre they
 are hungry
hamburguesa hamburger
hasta until
   hasta luego see you later

hay there is, there are
  hay que it is necessary to
hermana sister
hermano brother
hermosa beautiful
heroína heroine
hija daughter
hola hello, hi
hombre man
hora hour
horno oven
hoy today
humor mood
  de mal humor in a bad
   mood
idiota idiot
igual que identical to, the
 same as
importa matters (verb)
  **a P. no le importa J. para
  nada** P. doesn't care at all
  about J.; J. doesn't matter
  at all to P.
importante important
independencia independence
indica indicates
influencia influence
Inglaterra England
inglés English
inteligente intelligent
interés interest (noun)
interesante interesting
internacional international
interrumpe interrupts
invierno winter
ir(se) to go
italiana Italian
joven young, young person
jugo juice
julio July

juntos together
la the, her, it
lado side
  al lado de at the side of, be-
  side
lago lake
¡Lárgate! Beat it! Get out of
 here!
largo long
las the, them
  las de the ones by
Latinoamérica Latin America
le to him, to her, to you, her,
 him, you, in it
  **a P. no le importa J. para
  nada** P. doesn't care at all
  about J.; J. doesn't matter
  at all to P.
  le dicen Alicia they call her
  Alicia
  le mira a los ojos he looks
  her in the eyes
  le ponen carne, etc. they
  put meat, etc., in it
  le salvó la vida saved his
  life
  le tienen miedo they're
  afraid of him
  **le tira la leche en la
  camisa** throws the milk on
  his shirt
  le toca el pelo a P. touches
  P.'s hair
leche milk
lee reads
leer to read
lejos far
lengua language
lentas slow
les them, to them

no les gusta J. they don't like J. (J. doesn't please them)
levanta gets up, stands up
levantan: se levantan they get up, they stand up
libro book
limpia cleans
  P. se limpia la camisa P. wipes off his (own) shirt
limpiamos we clean
limpiar to clean
línea line
  línea aérea airline
liso straight
listas ready
llama: se llama is called
llamaba: se llamaba was called
llamada called (adjective)
llaman: se llaman they are called
llega a arrives at, gets to
llegamos a we arrive at, we get to
llegan a they arrive at, they get to
llegar a to arrive at, to get to
llego a I arrive in, I get to
llegó arrived
llegué a I arrived at, I got to
lleva wears
llevan they wear
llueve it rains
lo him, it
  lo hace todo he does everything
los the, them, the ones
  los de California the ones in California

luego then, next
  hasta luego see you later
lugar place
madre mother
mal, malo bad, wrong, sick
  algo está mal something's wrong
mamá mama
mamita mommy
manda sends
manejar to drive
manera manner, way
mano hand
mañana tomorrow, morning
maquillaje make-up
mar sea
maravilloso marvellous
más more, most
  el chico más grande y más malo de la escuela the biggest and meanest kid in the school
  el plato más popular de Chile the most popular dish in Chile
  la montaña más alta de las Américas the highest mountain in the Americas
  más de more than (a number)
  más … que more … than
masa dough
matemáticas mathematics
mayoría majority
me me, to me, for me, myself
media half
  las once y media 11:30
medianoche midnight
médico doctor
medio middle

mejor better, best
  a lo mejor probably
  la mejor the best
menor younger
mesa table
meses months
meten ... a they put ... into, they stick ... into
mexicana Mexican
mi my
microondas microwave
miedo fear
  le tienen miedo they're afraid of him
  me da miedo scares me
  tiene miedo is afraid
mientras while
minutos minutes
mira looks at, look (command)
  se mira looks at herself
mírale look at him
miran they look (at), watch
mirando looking at
mirar to look at
mis my
misma same
molestar to annoy, to bother
momento moment
montaña mountain
morada purple
morirse to die
mucha a lot, much
muchacha girl
muchacho boy
muere: se muere dies, is dying
mueve moves
música music
muy very
nacional national
nada nothing

  de nada you're welcome (it's nothing)
  para nada not at all
nadie no one
necesita needs
necesitan they need
necesitas you need
negativa negative
nerviosa nervous
ni neither, nor
  ni ... ni neither ... nor
noche night
nombre name
norte north
nos us, to us, ourselves, each other
  nos divertimos we enjoy ourselves, we have fun
  nos vamos a la costa we're going to the coast
  nos vemos I'll see you (bye-bye), we'll see each other
nosotros we, us
novelas novels
nuevo new
nunca never
o or
obligatorio obligatory, compulsory
observa observes
observando observing
oigo I hear
ojos eyes
once eleven
oportunidad opportunity
otra other
oye hears
oyen they hear
padre father
padres parents

país country, nation
palabra word
pan bread
Panamericana Pan American
pantalones pants
papá dad, papa
papas potatoes
papitas fritas fried potatoes
para for, (in order) to
    para nada not at all
    para ser una gringa for an
    American
parque park
partes parts
particulares private
pasa happens, is happening,
spends (time)
  algo le pasa a P. some-
    thing's happening to P.,
    something's wrong with P.
  ¿Qué te pasa? What's hap-
    pening to you? What's
    wrong with you?
pasamos we spend (time)
pasan they spend (time)
pasar to spend (time)
patria native country
pedazo piece
pedimos we ask for, we order
pega hits, strikes
pelear to fight
películas movies
pelo hair
pensar en to think about
perdón pardon
  pidiendo perdón apologiz-
    ing
perfecta perfect
pero but
persona person

personalidad personality
petición application
  hacer una petición to put
    in an application
pide asks for, requests
pidiendo asking, requesting
  pidiendo perdón apologiz-
    ing
piel skin
piensa (en) thinks (about)
pienso en I think about, I plan
  no pienso regresar I don't
    plan to come back
piscina pool
piso floor
planes plans
planeta planet
plátano banana
plato dish
playa beach
pobre poor
poca little (quantity)
pocos few (quantity)
  unos pocos días a few days
podemos we can
podía he was able, he could
pone puts, places, sets
ponen they put, place, set
  le ponen carne, etc. they
    put meat, etc., in it
poner to put, place, set
  se pone detrás de she
    places herself behind
  se pone de mal humor gets
    in a bad mood
por by, for, through
  por favor please
  por fin at last, finally
  por la presencia by the
    presence

por mucho tiempo for a
long time
por qué why
porque because
posibilidad possibility
posiblemente possibly
practicarlo to practice it
prefiere prefers
prefiero I prefer
pregunta asks
   se pregunta wonders, asks
   herself
preguntarles to ask them
prender to switch on
preocupada worried
prepara prepares, makes (a
dish)
preparan: se preparan they
get (themselves) ready
preparar to prepare, to make
(a dish)
presencia presence
presidente president
presiona presses
presiono I press
primer(a) first
primos cousins
probablemente probably
problema problem
profesor, profesora teacher
públicas public
pueblo village, small town
puede can
pueden they can
puedes you can
puertas doors
que that, than
qué what, how
   por qué why
   ¡qué bueno! great!

¡qué malo eres! you're terri-
ble!
quedan: se quedan they stay,
they remain
querida dear
queso cheese
quién who
quiere wants
quieren they want
quieres you want
quiero I want
ramadas parties to celebrate
Chile's independence
rápidas rapid, fast
raras rare, strange
rato a short time, a while
realmente really
rebelamos: nos rebelamos we
rebelled
rebelaron: se rebalaron they
rebelled
rebeló: se rebeló rebelled
recibe receives
recuerda remembers
refrescos refreshments, soft
drinks
regresa returns
regresar to return
regresen return (plural command)
regreso I return
reloj clock
repente: de repente all of a
sudden, suddenly
repetir to repeat
respirando breathing
respirar to breathe
responde answers, responds
restaurante restaurant
resto rest, remainder

rica rich, delicious
ríe laughs
  se ríe de laughs at
ríen they laugh
rojo red
ropa clothing
rubio blond
sabe knows
  sabe ayudar knows how to
  help
  sabe hablar knows how to
  speak
saben they know
saber to know
sabes you know
sacar to take out, check out
sala living room
sale (de) goes out, leaves
salen (de) they go out, leave
salgo (de) I go out, leave
salimos (de) we go out, leave
salir (de) to go out, leave
salón (de clase) classroom
salva saves
salvarme to save me
  **gracias por salvarme la vi-
  da** thanks for saving my life
salvaste you saved
  me salvaste la vida you
  saved my life
salvó she saved
  le salvó la vida she saved
  his life
Saturno Saturn
se himself, herself, itself, one-
self, themselves, yourselves
sé I know
secretaria secretary
secundaria secondary
semana week

sentado seated
sentarte to sit (yourself) down,
  to seat yourself
septiembre September
ser to be
servilleta napkin
si if
sí yes
siempre always
sienta: se sienta sits down
sientan: se sientan they seat
  themselves,
  they sit down
siéntate sit down (command)
siente feels
siento: me siento I sit down
significado significance
siguiente following, next
  al día siguiente the next
  day
similares similar
simpático nice, kind
sin without
sirve serves
sobre about
sol sun
solamente only, solely, just
solas, solo alone
sólo only
somos we are
son they are
sonríe smiles (verb)
soy I am
Sra. (señora) Mrs.
su his, her, their, your
suave smooth, soft
sube: se sube gets on
subimos: nos subimos a we
  get on
subo: me subo I get on

Sudamérica South America
suelo floor
suéter sweater
sur south
sus his, her, their, your
también also, too
tampoco neither, not … either
tan so
tantos so many
tarde late
  más tarde later
tarea homework
te you, to you, for you, yourself
tele television
televisor television set
temprano early
tener to have
tengo I have
terminan they end
ti you
tía aunt
tiempo time
tiendas stores
tiene has
  tiene … años is … years old
  tiene miedo is afraid
  tiene vergüenza is
   ashamed, is embarrassed
tienen they have
  le tienen miedo they're
   afraid of him
  tienen hambre they're hungry
tienes you have
  tienes que preguntarles
   you have to ask them
tío uncle
típica typical
tipo type
tira throws

toca plays (music), touches
todas all
todavía still
todo all, everything
  lo hace todo he does everything
  todo tipo de música all
   kinds of music
todos all, everyone
  todos los días every day
toma drinks
toman they drink
tomando drinking
tomar to take
  tomar aire breathe
tonto fool
trabaja works
trabajo work, job
trata de tries
tres three
triste sad
tu your
tú you
último last
un, una a, an
única only
unida united
  Estados Unidos United
   States
uniforme uniform
unos some, about
  unos pocos días a few days
usa uses
  se usa is used
usan they use, they wear
usas you use
va goes
vacaciones vacation
vamos we go, we're going
van they go, they're going

vas you go, you're going
ve sees
veces: a veces at times
vecino neighbor
vegetación vegetation
veinte twenty
vemos we see
   nos vemos I'll see you (bye-bye), we'll see each other
ven they see
vendedor salesman
veo I see
ver to see
verano summer
verdad truth
   es verdad it's true
verde green
vergüenza shame, embarrassment
   tiene vergüenza is ashamed, is embarrassed
verte to see you
¡Vete! Get out of here!
vez time, instance
   en vez de instead of
viajar to travel
viaje journey, trip
vida life
videocasetera video cassette recorder
viene comes
vive lives
viven they live
vivir to live
vivo I live
volcán volcano
volver to return
voy I go
   me voy I'm going, I'm leaving

voz voice
vuelo flight, I fly
vuelve returns
vuelven they return
vuelves you return
y and
ya now

LOS AUTORES

Lisa Ray Turner es una premiada novelista norteamericana que escribe en inglés. Es hermana de Blaine Ray.

Blaine Ray es el creador del método de enseñanza de idiomas que se llama TPR Storytelling y autor de varios materiales para enseñar español, francés, alemán e inglés. Ofrece seminarios para profesores sobre el método en muchos locales. Todos sus libros, videos y materiales se pueden conseguir por medio de Blaine Ray Workshops. Véase la página titular.

EL DIBUJANTE

Pol es el seudónimo de **Pablo Ortega Ló-pez**, destacado y premiado ilustrador ecuato-riano que tiene una larga carrera como ilus-trador. Actualmente está radicado en la Bahía de San Francisco en California y se dedica a la animación. Puede visitarlo en:

www.polanimation.com

AGRADECIMIENTOS

Le estamos muy agradecidos al Profesor **Gustavo Benedetti** de Cartagena, Colombia, por su ayuda con diversos detalles. El Profesor Benedetti enseña español en la escuela secondaria Archbishop Moeller en Cincinnati, Ohio, en Estados Unidos.

También le damos las gracias a **Lucha Corpi** de México, poeta y autora de novelas policiacas que vive en Oakland, California, por su ayuda con un detalle del español mexicano con respecto a la policía..

NOVELAS

En orden de dificultad, empezando por la más fácil, las novelitas de Lisa Ray Turner y Blaine Ray en español son:

Nivel 1:
- A. Pobre Ana*†^° (sólo de Blaine Ray)
- B. Patricia va a California*†° (sólo de Blaine Ray)
- C. Casi se muere*†
- D. El viaje de su vida*†
- E. Pobre Ana bailó tango (de Patricia Verano, Verónica Moscoso y Blaine Ray)

Nivel 2:
- A. Mi propio auto*†
- B. ¿Dónde está Eduardo?*
- C. El viaje perdido*
- D. ¡Viva el toro!*

Nivel 3:
Los ojos de Carmen (de Verónica Moscoso)

* Existen versiones francesas:

Nivel 1:
- A. Pauvre Anne
- B. Fama va en Californie
- C. Presque mort
- D. Le Voyage de sa vie

Nivel 2:
- A. Ma voiture, à moi
- B. Où est passé Martin ?
- C. Le Voyage perdu
- D. Vive le taureau !

Nivel 3:
Les Yeux de Carmen (de Verónica Moscoso)

† Existen versiones alemanas:

    Nivel 1:
      A. Arme Anna
      B. Petra reist nach Kalifornien
      C. Fast stirbt er
    Nivel 2:
      A. Die Reise seines Lebens
      B. Mein eigenes Auto

^ Existe una versión rusa:

    Бедная Аня

° Existen versiones inglesas:

    Nivel 1:
      A. Poor Ana
      B. Patricia Goes to California
    Nivel 3:
      The Eyes of Carmen (de Verónica Moscoso)

GUÍAS PARA PROFESORES

Teacher's Guide for Spanish I Novels
   (*Pobre Ana, Patricia va a California,*
   Casi se muere y *El viaje de su vida*)

Teacher's Guide for Spanish II Novels
   (*Mi propio auto, ¿Dónde está Eduardo?,*
   El viaje perdido y *¡Viva el toro!*)

DISTRIBUTORS
of Command Performance Language Institute Products

Entry Publishing & Consulting
P.O. Box 20277
New York, NY 10025
(212) 662-9703
Toll Free (888) 601-9860
Fax: (212) 662-0549
lyngla@rcn.com

Midwest European Publications
8124 North Ridgeway Ave.
Skokie, IL 60076
(847) 676-1596
Fax (888) 266-5713
Fax (847) 676-1195
info@mep-eli.com
www.mep-eli.com

World of Reading, Ltd.
P.O. Box 13092
Atlanta, GA 30324-0092
(404) 233-4042
(800) 729-3703
Fax (404) 237-5511
polyglot@wor.com
www.wor.com

Applause Learning Resources
85 Fernwood Lane
Roslyn, NY 11576-1431
(516) 365-1259
(800) APPLAUSE
Toll Free Fax (877) 365-7484
applauselearning@aol.com
www.applauselearning.com

Carlex
P.O. Box 81786
Rochester, MI 48308-1786
(800) 526-3768
Fax (248) 852-7142
www.carlexonline.com

Delta Systems, Inc.
1400 Miller Parkway
McHenry, IL 60050
(815) 36-DELTA
(800) 323-8270
Fax (800) 909-9901
custsvc@delta-systems.com
www.delta-systems.com

Berty Segal, Inc.
1749 E. Eucalyptus St.
Brea, CA 92821
(714) 529-5359
Fax (714) 529-3882
bertytprsource@earthlink.net
www.tprsource.com

Varsity Books
1850 M St., NW — Suite 1150
Washington, DC 20036-5803
(202) 667-3400
Fax (202) 332-5498
www.varsitybooks.com

Multi-Cultural Books & Videos
12033 St. Thomas Cres.
Tecumseh, ONT
CANADA N8N 3V6
(519) 735-3313
Fax (519) 735-5043
service@multiculbv.com
www.multiculbv.com

Multi-Cultural Books & Videos
30007 John R Road
Madison Heights, MI 48071
(800) 567-2220
(248) 559-2676
Fax: (800) 208-0976
service@multiculbv.com
www.multiculbv.com

Continental Book Co.
6425 Washington St. #7
Denver, CO 80229
(303) 289-1761
Fax (800) 279-1764
cbc@continentalbook.com
www.continentalbook.com

MBS Textbook Exchange
2711 West Ash
Columbia, MO 65203
(573) 445-2243
(800)325-0530
www.mbsbooks.com

Sosnowski Language Resources
13774 Drake Ct.
Pine, CO 80470
(303) 838-0921
(800) 437-7161
Fax (303) 816-0634
orders@SosnowskiBooks.com
www.sosnowskibooks.com

Continental Book Co.
80-00 Cooper Ave. #29
Glendale, NY 11385
(718) 326-0560
Fax (718) 326-4276
www.continentalbook.com

Tempo Bookstore
4905 Wisconsin Ave., N.W.
Washington, DC 20016
(202) 363-6683
Fax (202) 363-6686
Tempobookstore@usa.net

International Book Centre
2391 Auburn Rd.
Shelby Township, MI 48317
(810) 879-8436
Fax (810) 254-7230
ibcbooks@ibcbooks.com
www.ibcbooks.com

Adams Book Company
537 Sackett Street
Brooklyn, NY 11217
800-221-0909
Fax 800-329-2326
orders@adamsbook.com
www.adamsbook.com

Teacher's Discovery
2741 Paldan Dr.
Auburn Hills, MI 48326
(800) TEACHER
(248) 340-7210
Fax (248) 340-7212
www.teachersdiscovery.com